高学歴のトリセツ

褒め方・伸ばし方・正しい使い方

西岡壱誠

星海社

JN043065

288

SEIKAISHA SHINSHO

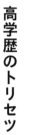

はじめに

本書を手に取ってくださった方の中には、現在企業で働いていて、東京大学などの優秀な大学を出た「高学歴」の人を部下に抱えたり、同僚として一緒に仕事したりしている人も多いのではないかと思います。そんなみなさんにとって大きな悩みになっているのが、「高学歴の人、どうやって扱ったらいいんだろう?」という問題ではないでしょうか。

まず大前提として、高学歴の人は優秀です。基本的には仕事がよくできます。頭がいいからこそいい大学に入っているわけで、能力が高いのはある意味当然です。

実際、彼らと話していると、「この面では自分よりすごいな」と思う点が1つや2つはあるものです。

しかし残念ながら、高学歴の人が職場の上司や同僚とうまくコミュニケーションを取れず、本来の能力を発揮できなくなり、時には本人どころか周囲まで困惑してしまうケースもあります。高学歴の人にうまく本来の力を発揮してもらうには、いくつかのコツがあり、それを知らないとお互いに損をしてしまうのです。

例えば、「この人は東大生なんだな。優秀すぎて、ちょっとどう接していいかわからないなあ」と気後《きおく》れしてしまう、というのがその典型です。そうなると逆に高学歴の人も会社の中で浮いてしまい、最終的にうつ病になってしまうことさえあります。

そんな「高学歴の人、どうやって扱ったらいいのか?」という問題を考察し、高学歴の人と周囲の人がうまく理解しあい、よりよい協力関係を築いてお互いに幸せになる方法を、これから解説していきます。

本書を読めば、みなさん誰でも、一見すると扱いにくい高学歴の人との接し方がわかるようになります！

さて、今回この本を執筆させていただくのは自分、西岡壱誠《にしおかいっせい》と申します。僕は今、おそらく日本で一番現役東大生の割合が高い会社「カルペ・ディエム」を4年、やっています。50人以上のバイト、20人以上のインターン生の多くは東大生で、彼らとともに教育系ベンチャー企業として活動しています。

少し自分たちの会社の話をさせてください。弊社カルペ・ディエムは、さまざまな中学・高校に東大生を派遣してワークショップをするのがメインの事業です。

例えば、「東大生なんて見たことがない」という学校にお邪魔して、東大生たちに「自分も東大合格者ゼロの学校から東大に行ったよ、だからみんなも東大に行けるよ」というようなお話をしたり、勉強法を伝えたり、具体的に勉強を教えて成績を上げるお手伝いをしたりしています。

そういう会社の性質上、できるだけいろいろな学生を採用することにしています。

いろいろな地域出身の学生がいれば、例えば東北地方の学校に行くときに、「自分も東北出身なので、あなたたちの悩みがわかります」と親身に寄り添うことができます。また、中高一貫の学校に行くときに、「自分も中高一貫で、中学3年生の時にちょっと中弛《なかだる》みしちゃったから、きみたちも気をつけた方がいいよ」と共通の経験を詳しく語れる学生がいると、その学校の生徒に響く話をすることができます。

だからこそ、とにかく多種多様な属性の東大生たちを集めているのです。

社員4人の会社で東大生が50人いるので、この規模の会社としては東大生の割合はおそらく日本一です。東大生をはじめとする高学歴たちのバリエーションでも、おそらく日本一ではないかと思います。

こんな会社をやっている自分ですが、もともと高校3年生まで高学歴という言葉とは縁遠い生活を送ってきました。テストはいつも赤点で、模試の成績はなんと偏差値35。大学に行くか行かないかも迷っていて、ずっとゲームばかりやっていた人間でした。

そんな自分は、ひょんなことから東大を目指すようになり、死ぬほどの思いで2浪して東大に合格し、世界が一変しました。生まれて初めて「東大生」と接することになり、東大生たちと一緒に勉強をしたり仕事をしたりするようになったのです。

もともと高学歴と対極の位置にいた自分が東大生と接していると、本当にいろんなことを感じます。

「東大生といえど、普通の人間なんだな」と感じる瞬間もあれば、逆に「東大生って、こんなに変なんだ」と思うこともたくさんあります。「高学歴だから」と余計な配慮をせずに接すべきときもあれば、高学歴ならではの特別なケアをする必要があるタイミングもあります。また、「すごく話が合うなぁ」と思った直後に、「え、本当に何を言っているのかわからない！」と驚いてしまうこともあります。喧嘩《けんか》することもありますし、僕が扱い方を間違えて、去っていってしまった人もいます。

「東大生って本当に扱いづらい！　もう社長なんて辞めちゃいたい！」

そんなことをずっと言いながら、それでもなんとか4年間、東大生中心の会社を切り盛りしてきました。

そんな僕が、東大生ばかりの会社での経験をもとに、東大生をはじめとする1000人以上の高学歴人材とのやりとりから見えてきた「高学歴の取り扱い方」について、具体的なエピソードを交えながら、これからみなさんにシェアしたいと思います。

西岡壱誠

目次

第8章

元日経新聞記者・高井宏章さんと考える仕事論

第1章

なぜ「使えない高学歴」が生まれるのか？

「頭がいい」からこその問題

みなさんは、頭がいいはずの高学歴の人（以下、本書では適宜「高学歴」と略します）が仕事でうまく能力を発揮できないとき、その理由は何だと思いますか？

「その人がそもそも能力の低い、学歴が高いだけのハズレ人材だからだ」と考える人もいるかもしれません。

しかし多くの場合、それは間違った見方です。

「はじめに」でもお話ししましたが、高学歴は基本的に「頭がいい」です。難しい入試を突破して難関大学に合格し、名門校で勉強を重ねてきたのですから、ある意味これは当然です。

きっと、その頭のよさを買われて、複雑な問題を解決したり新しいアイデアを考えたりすることを見込んで、あなたの会社にも採用されたはずです。

しかし残念ながら、頭がいいからといって、必ずしも全員が社会で活躍できているわけではありません。

その本質的な理由は、仕事において「頭がいい」からこその問題が発生してしまうからです。

「決まりごとになかなか納得しない」「物事を文字通りに解釈してしまい融通がきかない」「自分なりの理解ができるまで仕事が進められない」などがその典型例です。

みなさんも、一度くらいはこういう人に困った経験があるのではないでしょうか。

しかし、だからといって高学歴たちに「今からバカになれ」というのも無理な話です。

それよりも、周囲の人が彼らを理解してうまく使いこなし、難しい問題を解決してもらった方が、お互いによい関係が築けますし、何よりあなた自身がラクできるはずなのです。

この本では、「高学歴の賢い使い方」を、東大生社長としてさまざまな東大生の部下と仕事をしてきた僕がお伝えしたいと思います。

仕事に必要な3つの能力

さて、「頭がいいからこその問題」がなぜ生じてしまうのかを、もう少し細かく検討してみましょう。

この問いを考えるために、僕はいろんな人に話を聞いてみました。

高学歴の社長さんや、高学歴が多い会社の管理職、また海外出身の方が多い職場の部長さん、海外で働いている人など、さまざまな立場の方にお話をうかがった中で、「あ、これは参考になるな」と思った話がありました。

その話を教えてくれたのは、スウェーデンで20代にして小中学校の校長先生をやっている田中麻衣さんでした。彼女はスウェーデンの学校で、多くのスウェーデン人の部下と一緒に仕事をして、まだ20代にもかかわらず立派に校長先生として活躍している女性です。

スウェーデン人という、「自分とバックグラウンドが全然違う人たち」をどのように束ねているのか、その秘密を聞くと、こんなことを語ってくれました。

「私は自分の学校で、仕事に必要な資質を3つに分類しています。

- 『先生としての能力』
- 『労働者としての能力』
- 『同僚としての能力』

この3つです。

このうち、どれか1つでも著《いちじる》しく欠けていると、残念ながらその人は学校には相応しくない人になってしまいます。

『先生としての能力』は言うまでもなく、生徒にいかにうまく勉強を教えられるかという能力です。親御さんとのお話の仕方とか、生徒の質問への対応などもここに含まれますね。

そして実は、スウェーデンにおいて、先生方はこのスキルがとても高い場合が多いんです。日本よりも先生になるための試験が難しいので、資格試験を突破できている時点で、先生としての能力は高いことは保証されています。

そして多くの人は、先生に求められる能力は『先生としての能力』だけだと考えていると思うんです。

でも、重要なのは『労働者としての能力』と『同僚としての能力』。こっちの能力がきちんと揃っているかどうかです。

『労働者としての能力』は、日本でいえば『社会人スキル』と言われるようなものです。上司の先生が指示を出したときにそれに従ってくれるかどうか、勤怠《きんたい》管理や経理などをしっかりとやってくれるかどうか、レスポンスが早いかどうか、などですね。

このスキルは正直、人によってはかなり低いこともあります。指示を出しても『なんでこんなことをやらなければならないんだ』と言って突っぱねる人もいます。

また、スウェーデンは労働者の権利についての考え方が日本よりも浸透しているので、学校という職場においてどうしてもお願いしたいことを、労働者の権利としてやってくれない、なんてこともあります。

もちろんこちらの指示が間違っている場合もありますが、学校運営全体で考えるとこの人たちは正直困った人たちになります。

もう1つ、最後は『同僚としての能力』です。

要するに、仲間としてやっていくときに気持ちがいい人かどうか、です。

単刀直入に言うと、その人がオフィスに入ってくるだけでちょっと空気が変わって、みんなが萎縮《いしゅく》しちゃうような人。または、協調性がなくて、周りに合わせてくれなかったり、過度に攻撃的だったりする人。日本にもいますよね。

やっぱり一緒に仕事をやっていく同僚として、周囲と合わせる能力は必須です。どんなに先生として素晴らしくて、生徒からも親御さんからも好かれていても、同僚からクレームの嵐だったら困りますよね。

私は、この3つの能力が揃っているかどうかを見て先生の採用を決めます。どれか1つでも欠けている人に対してはしっかりと話をして、3つの能力の最低ラインを超えてもらえるように心がけています」

ということで、採用にあたっては『先生としての能力』『労働者としての能力』『同僚としての能力』を見ている、という話でした。

この話を聞いて僕は、「高学歴に関しても、まさに言えることだ」と感じました。

「先生としての能力」は、「専門家としての能力」と言い換えることができます。そして大抵の場合、会社は「労働者としての能力」と「同僚としての能力」ではなく、「専門家としての能力」を見て採用を行っています。プログラミングのスキルを持っているか、英語が使えるか、法律について専門的な知識を有しているかなどは、履歴書や面接で測れる場合が多いですよね。ですから、「専門家としての能力」があることを確認して会社に採用するわけです。そして、高学歴は「専門家としての能力」は申し分ないことの方が多いでしょう。英語が話せる、専門的な知識がある、文章を書くスキルが高い、などですね。

でも、「労働者としての能力」と「同僚としての能力」はどうでしょうか？

部下として扱うと、「労働者としての能力」が低くて上司や会社の慣習に従ってくれないこともあるでしょう。「同僚としての能力」が低くて、軋轢《あつれき》を生んでしまったり衝突を繰り返したりすることもあるでしょう。

どんなに「専門家としての能力」が優秀だとしても、能力があったとしても、「労働者としての能力」と「同僚としての能力」が著しく欠けていると、「いい人材」にはならないのです。

ここで「上司から連絡が来ていないときのリマインドのやり方」を想像してみましょう。

AさんとBさん、あなたはどちらと一緒に仕事をしたいですか？

Aさん「こちらの案件、進捗どうですか？」

Bさん「こちらからリマインドの連絡できておらず申し訳ありません。この案件、進捗いかがですか？　お忙しいとは思うのですが、ご連絡お待ちしております」

別に、Ａさんが仕事として間違っているわけではないですよね。「もうちょっと言い方ってもんがあるだろ」と思わないわけではありませんが、でも別に間違っているわけではありません。

英語の筆記試験で「上司への連絡を英語で書きなさい」という問題があったときに、Ａさんの言ったことを英語で書けば正解になります。それに「進捗の管理」という専門家としての責任はしっかり果たしているので、問題はないわけです。

とはいえ、おわかりだと思いますが、Ｂさんの方が、労働者としてコミュニケーションが円滑にできますし、一緒に働く上では気持ちがいいですよね。

このように、「専門家としての能力」が高くても、「労働者としての能力」「同僚としての能力」が低いと、Ａさんのような連絡をして、人間関係に不要なストレスを生んでしまうのです。

高学歴は「労働者としての能力」「同僚としての能力」が低い？

そして、誤解を恐れずに炎上覚悟で言いますが、高学歴には、「専門家としてのスキルを身につけるために、労働者や同僚としてのスキルを捨てて専門性を身につけた人」が多いと思います。

例えば、「天才」や「秀才」という言葉を聞いたとき一般的にイメージする人物像は、学問に本気で向き合って、恋愛とか生活環境とか、娯楽とか遊びとか、そういったものを犠牲にして勉強する人ですよね。

そのイメージは概《おおむ》ね間違っていなくて、いい大学に入るために部活にも入らず、友達とも遊ばずひたすら勉強していた人もいますし、中には食事や風呂の時間まで勉強をしていた人もいます。もちろんそうした傾向は最近は緩和傾向にあり、勉強だけをひたすらやっていたという人は少なくなっている印象がありますが、しかし事実として、「自分は青春を捨てて勉強に時間を捧げてきたんだ」と語る高学歴の人は少なくありません。

実際、高学歴の人を見てみると、小学3年生の時から中学受験のために週5で塾に通い、中高6年間も学校からの膨大な宿題を終わらせるために1日3時間・休日は9時間勉強し、高校2年生の3学期からは「今からは高校3年生の0学期だ、受験生としてひたすら勉強しろ」と言われ、睡眠時間を削って勉強し、移動の時間やトイレや風呂・食事の時間でもスマホで勉強し、もしそれでもうまくいかなかったら、もう1年間ただひたすら勉強する浪人生活を送って、そのあいだ受験勉強をしていなかったら得られたはずのさまざまな青春や社会経験を捨て、その結果として高学歴を得ている人が大半です。

つまり、「専門家としての能力」を手に入れるために、普通の人が部活をしたり友達と遊んだりして得ているはずの、ちょっとした対人スキルとかコミュニケーション能力を得る機会がなかった、「労働者としての能力」「同僚としての能力」を頭のよさの対価として捨ててしまった人が高学歴なのです。

ギャンブル漫画『賭博黙示録カイジ』に、「人は金を得るために、人生の多くの時間を使っている。言い換えれば、自分の存在……命を削っている」という有名なセリフがありますが、それと同じように、「高学歴は学歴を得るために命を削っている」わけです。


そりゃ、連絡も「こちらの案件、進捗どうですか」になっちゃうわけです。確かにこんな連絡、学生時代に部活をやって先輩後輩の礼儀を学んでいたらダメだとわかるものですが、「そういう機会がなかったんだからしょうがない」と割り切るしかない話なんですよね。

「勉強ではうまくいっていたのに、社会に出てから全然うまくいかない」と高学歴自身も考えることが多いですが、それは単純に、受験勉強や大学の研究と企業で求められているスキルが違うので仕方のないことなのです。

ですから、もう、仕方ありません。

もしあなたが「高学歴の部下を持ってしまった上司」なのであれば、あなたの部下が「労働者としての能力」「同僚としての能力」に欠陥があるのは、もう仕方がないことだと一旦諦《あきら》めてください。

だって一概に、その人が悪いとは言い切れないのですから。

機会がなかったから学べなかった、というのは当たり前の話です。

個人的な話になりますが、昔、東大の女友達が美人なのに化粧を全然しない人だったので、「〇〇さんは化粧しないの？」と聞いたことがありました。そのとき返ってきた答えは「何言ってるのよ。『化粧』なんて科目、東大入試にあった？」です。

僕は「お前こそ何を言っているんだ」と思いましたが、しかし彼女の言う通り、勉強の代わりに別の部分のスキルを得る機会がなかったのですから、これぱっかりはもう、しょうがないのです。だって、高学歴になるための試験には「社会人スキル」や「コミュニケーション能力」がないんですから。

重要なのは、高学歴の人に「労働者としての能力」「同僚としての能力」を身につけてもらうための工夫を、我々の方が心がけてあげることです。

当たり前ですが、初めから「労働者としての能力」「同僚としての能力」が完璧な人はなかなかいません。彼ら彼女らが「専門家としての能力」のスキルを努力で身につけた通り、努力で「労働者としての能力」「同僚としての能力」も身につけてもらう必要があります。

大変そうに思うかもしれませんが、きっと大丈夫です。みなさんが向き合っている人たちは、その能力を得る機会を別のところに当ててしまっていただけで、これから努力すれば挽回《ばんかい》できるはずです。むしろ、学ぶ能力自体は高いので、しっかり教えてあげれば平均以上のスキルを発揮してくれるはずです。

もし、どんなに教えてもどんなに指導しても2つの能力が身につかないのなら、それはもう、高学歴とか全然関係ない問題です。シンプルにその人がいい人材ではないというだけです。そういう時は素直にあなたの上司に相談しましょう。

というわけでここからは、これまでの人生を「頭のよさ」に全振りしてきた高学歴の人に「労働者としての能力」「同僚としての能力」を身につけてもらうための指導法についてお話ししていこうと思います。

第2章

高学歴はこだわりが強い

2章からは、高学歴と仕事をする上で知っておくと役立つ、さまざまな傾向について語っていきます。

それぞれの章で、まず最初に「高学歴にはこういう傾向がある」という事実をお話しした上で、「その傾向を踏まえて、周囲の人はどう対応し、社会人としての能力をどのように身につけていってもらえばいいのか」というノウハウも、みなさんにシェアしたいと思います。

1つ断っておきますが、本書で紹介する高学歴の特徴はあくまでも「傾向」です。全ての特徴があてはまる人もいれば、1つ2つの特徴があてはまる人、また本書で挙げる特徴が全くない高学歴も、もちろんいると思います。

しかし、数多くの東大生と接し、円滑に仕事をしている僕が経験から導き出した「高学歴の仕事の特徴と、一緒に仕事をするための作業仮説」なので、「ちょっと違うんじゃないか」「受け入れられない」という部分があっても、ご容赦《ようしゃ》いただけると幸いです。その上で、読者のみなさんの周囲にいる方に合わせてノウハウを実践いただければと思います。

東大生のこだわりを甘く見るとこうなる

さて、前置きが長くなってしまいましたが、最初に紹介する高学歴の特徴は「こだわりが強く、細かいことまで気にする」です。

高学歴に大雑把《おおざっぱ》な人はなかなかいないと思います。細かいことに気を配り、1つ1つ物事を丁寧に進めていかないと気が済まない人は多いです。勉強というものが、そういう丁寧な進め方を求められるものだからなのではないかと推測できますが、それが仕事にも波及している場合が多いと感じます。

翻《ひるがえ》って、僕はかなり「テキトーな」性格の人間です。会社の仕事でも、「まあ、こんな具合だから、いい感じにまとめておいて」といった曖昧《あいまい》な指示を出しがちです。
そして、その曖昧な指示に対して、うちの会社の東大生たちは容赦なくツッコミを入れてきます。

例えばこんな感じです。

「この書類、この書式で大丈夫ですか」
「提出用ファイルの形式はこれでいいでしょうか」
「提出する際の件名はどうすればいいですか」
「何時までにやればいいでしょうか」

このように、依頼の詳細をとにかく細かく細かく聞いてきます。もちろん曖昧な指示を出してしまった僕が悪いと思いますが、しかし「大雑把にやって」という指示がなかなかうまくいかないのは大変です。

そして、曖昧な指示を出してしまうと、別の問題が発生することがあります。

それは、クオリティを高めるために、際限ない努力をしてしまうということです。

以前、僕がインターンの東大生に、軽くこんなお願いをしたときのことでした。

僕　「ちょっとこの会議の議事録を取っておいてくれるかな？」

Aくん　「わかりました」

お願いした東大生Aくんは、会社に入ったばかりの新人だったので、「会議の間、そんなにやることもないだろうから、軽く議事録でも取ってもらおうかな」とほんの軽い気持ちで頼んだのです。

この時の判断を、僕はすぐに後悔することになります。

結論から言うとその東大生は、1時間の会議の議事録を作るのに10時間かけました。

誰が何を言ったのかすべてを文字起こしし、そこで触れられている内容の補足情報を整理し、その後の個人の動き方をすべて書いて提出してきました。

議事録としては本当に、100点満点だったと思います（それが何につながるかは別の話ですが……）。

また、Aくんが議事録を書いている途中、僕はこうも言いました。

僕　「テキトーな感じでいいからね。そんなに時間かけなくてもいいよ……？」

Aくん　「わかりました。では何時までにこの仕事を終わらせればいいか指示をください」

僕　「まあ、じゃあ今日中とかで……」

Aくん　「わかりました」

この熱量自体は、とても褒めるべきだと思います。

テキトーに終わらせてもいいものを、これだけ時間をかけて作っているのですから。

でもその分、1つの仕事に対して強い「こだわり」を持っていて、なかなか大雑把にはしません。

もちろんこれは彼ら彼女らのいいところでもありますが、会社として仕事をする上では難しい面もあります。

「依頼するにあたって要件をしっかり言語化しないといけない」「大雑把でいいと言いづらい」というのはちょっと大変ですよね。

他にも、「こだわりすぎてしまう」ということは数多く存在します。

我々は学校に行って教育支援の事業を行っています。東大生3人くらいで、1時間くらいワークショップをした後、質疑応答の時間を取ります。

時間が足りないなどの理由で、その場で全ての質問に答えられないことも多いので、「今質問できなかった人は、後で連絡してくれたら回答するんで、質問送ってね！」と言うことがあります。

そして後日、生徒さんからの質問を集約して、その学校に行っていた東大生たちに「これ、回答を文字ベースでください」とお願いします。

その質問というのも、そんなに細かくて大変な質問というのはあまり来ません。せいぜい、学生が悩みがちな、「何時間くらい勉強すればいいですか？」とか「勉強のモチベーションが上がらない時の対処法は？」とか、そんな程度の粒度の粗いものです。

にもかかわらず、しょっちゅうこんなことが起こります。

僕　「ねえBさん、この仕事の締切は昨日までだったんだけど、まだ時間かかりそうかな？　生徒さんの質問に対する答えを作るだけで、正直30分もあれば終わるものだと思うから、今パッとやってもらってもいいんだけど……」

Bさん「ごめんなさい、昨日から徹夜でずっとその仕事をやっているんですけど、なかなかいい回答が思い浮かばなくて……もう3時間もらえませんか？」

僕「あー……」

先ほども言いましたが、生徒からの質問自体はそんなに細かいものではありません。

「何時間くらい勉強すればいいですか？」みたいな、下手すると1分で回答を作れるような質問も多いです。

それに対して一晩回答を考えているというのは、どう考えてもこだわりすぎだと思います。

でも、Bさんの頑張りを否定することもできません。

なぜならBさんは本当に生徒のためを思って、本気で物事を考えて、こだわって質問に対する回答を作っているからです。「徹夜で」というのも嘘ではないでしょうし、こういう場合に出てくる資料（このときは質問に対する回答）もクオリティが高いものです。

1章の話を踏まえて考えるのであれば、この行動は、「専門家としては」完璧な行動なのです。でも、会社として考えるとなかなか厳しいものがありますね。まさに「専門家の能力」と「社会人の能力」の違いだと思います。

さらに別のケースで、こんなこともありました。

ある東大生に対して、「この資料を作っておいて。まあ大体、3時間くらいで終わると思うけど」と言ったところ、彼はその資料作りにすごく時間をかけて、丁寧に頑張ってくれたのでした。そして、こんなことを言い出します。

Cくん　**「西岡さん、俺、この仕事に10時間かけたんです。クオリティも、他の人の**

ものよりもすごくいいものになったと思います」

僕　「お、おう」

Cくん　「なのに、他の人と報酬金額が同じなんですか？」

僕　「あー……」

こういう話、うちの会社にめちゃくちゃ多いんですよね。熱量のある大学生であればあるほど、この問題はついて回ります。

もちろん、言っていること自体はわからなくはないし、彼ら彼女らのこの主張は正しいことではあるんですけれど、でも会社経営という文脈で考えてしまうと、「そこまでこだわらないでほしい」というのが上司としての本音ですよね。

「もちろん10時間働いたのはわかっているけれど、3時間で終わるくらいの力の入れ方で頑張ってほしかったな」と思ってしまいます。

ということで、ここまでを踏まえてまとめると、以下のことが言えると思います。

- 「高学歴はこだわりが強く、『テキトー』が通じないことが多い」
- 「高学歴は、こちらが曖昧な指示をしてしまうと1つの仕事に対して際限なく努力してしまう傾向がある」

こだわりが強い高学歴には「目的の明確化」を

では、こうした状況をどうやったら打破できるのか?

指示を曖昧にせず、細かく「何時間でこの仕事を終わらせてくれ」「何時までにこうしてくれ」とお願いすることは重要だと思いますし、短期的にはその解決策が求められると思うのですが、しかしそれは「こだわりすぎてしまう」ということに対する本質的な解決策ではないですよね。

僕が考えるに、

- 「高学歴に対して、目的を明確にすること」

が一番に求められることだと思います。

例えば、1時間の議事録取りに10時間かけたAくんに対して僕は、こういう指示を出すべきだったのです。

「今回の会議で議事録を取る目的は、その会議でどんな会話が行われたのかを詳細にまとめることではなく、各々が次の会議までに何をしてこなければならないのか、ネクストアクションを忘れないようにすることだ。だから、ネクストアクションの部分だけ力を入れて具体的に書いておいてくれ」

こうすれば、Aくんも何が求められているかがわかり、どんな議事録を作ればいいのかが明確になります。

1分で済むような生徒の質問を徹夜で考え抜いたBさんに対しても、

「生徒たちはすぐに返事が欲しいと思うから、厳密性は置いておいて、なるべく早く回答を作ってあげた方がいいと思うな」

と言えば、生徒のことを考えて行動する傾向が強いBさんだから、「生徒のため」という目的のために早く行動しようと考えるはずです。

3時間で済む資料に10時間かけたCくんの場合は難しいですが、僕はもう懇切丁寧にすべて話すようにしています。

「僕らは、この仕事で先方から1万円をもらって、君たちに5000円を支払うようにしているんだ。この仕事をとってくるまでの労力や経費を考えると利益率は5割じゃないと、会社としてはこの仕事を受ける意味がなくなってしまう。

今回の仕事は、『先方は1万円でこの仕事が完遂されること』を望んでいて、クオリティに対するこだわりよりも仕事が完遂されることを目的にしている。だから、クオリティが高くても評価されるかはわからないんだよね。

もちろんここで君の仕事が評価されて、先方が『次に頼むときは1万5千円払うね』と言ってくださったら、次の給料は増やすようにするよ。でも、今の段階では、5000円の仕事としてやってほしい」と。

「開示しすぎじゃない?」と思う人もいるかもしれませんが、高学歴の人は頭がいいので、ここまで明確に「こちらの求めるもの」「こちらが想定する目的」を開示すると、ちゃんとわかってくれる場合が多いです。

ですので、「目的を明確にする」というのは1つ有効なテクニックだと思います。

ただ、もしそれでもわかってくれない場合は、「評価軸」について説明してあげるといいでしょう。

大学までの評価は、テストでもレポートでも、「早く提出すること」は求められず、提出したもののクオリティだけを見て採点される場合がほとんどです。制限時間1時間のテストを30分で早く解いても、それでプラスアルファの評価をされることはありませんよね。ですから、学生たちは時間がかかってもいいからクオリティを上げようと努力します。それが、「専門家として求められる能力」です。

でも、「社会人として求められる能力」は、「早いこと」も評価されますよね。

「これ、1週間以内に終わらせてくれ」と言われたものを1日で終わらせたら、「いいね、早くやってくれてありがとう！」と、すごく評価されると思います。むしろ、1週間かけて１００点のクオリティの物を出すよりも、1日で30点のクオリティの物を出す方が評価されることだって少なくありません。なぜなら、1日で出せば、そこから1週間かけて「あ、この部分はもうちょっと変えた方がいいね」「ここ、もう少し厚くしてほしいんだよね」と先方からのチェックに時間をかけ、よりよいものにできるからです。

1週間かけて100点のクオリティの物を作っても、それは「自分の中で100点のもの」でしかなく、蓋を開けてみれば、先方からの評価は30点だったということもあります。評価する基準が自分にはなく、評価軸がテストのように明確でない以上、「とにかく早めに出すこと」は社会人の必須スキルなわけです。

よくベンチャー企業では「2割・5割・8割」という指導が使われています。1つの仕事をするときに、「2割終わった時点」「5割終わった時点」「8割終わった時点」で、3回の報告をしようという意味です。

「2割終わった時点」での報告は、全体像・方向性をチェックしてもらうため。「こういう感じの方向性でいいですか?」と方向性がずれていないかをチェックしてもらいます。

「5割終わった時点」での報告は、進捗をチェックしてもらうため。「今これくらい進んでいます」と、スピード感のイメージがずれていないかをチェックしてもらいます。

「8割終わった時点」での報告は、最終チェックをしてもらうため。自分の中では100%の状態で見せて、最後のチェックをしてもらいます。

こうすれば、どんな仕事でも期限内に相手の要望を叶えることができる、というものです。

実際にはここまで細かくチェックしてもらうことは難しいと思うのですが、この観点って重要ですよね。テストやレポートとは違って、評価者といつでもコミュニケーションを取れることが重要で、だからこそ「これで今何点ですか?」と聞いていいわけです。

大学までの評価基準に慣れている高学歴の人に、うまく仕事をしてもらうためには、こういうことを伝えて「どういう点が評価されるのか」を明確にしておくことは重要なのではないでしょうか。

さて、もう1つだけ言っておくと、この「目的を明確にする」というのは、誰かに失敗などを指摘するときにも使えるものです。それに関しては、次の3章でお話しします。

第3章

高学歴は**怒られる**のが怖い

次に触れたい高学歴の特徴は、「怒られるのが怖い」です。

高学歴の人たちは、大体の場合、学校では優等生で、親の言うことをしっかりと聞き、先生の言うことにきちんと従った結果として難関大学に合格したような、「いい子」である場合が多いです。もちろん一部には、学校の先生に反抗して「自分だけの力で合格してやる!」と息巻いた結果合格したような問題児型の天才もいると思いますが、しかしそれも例外的な話でしかありません。9割の人たちは「いい子だから頭がよくなったタイプ」だと言えます。

では、そんなタイプの弱点とは一体何なのか?

それは、「怒られ慣れていない」ということです。

傷つきやすい東大生

僕の経験をお話ししましょう。以前、東大生たち4人と一緒にある会社でインターンをしていた時のことです。

僕以外のメンバーはみんな優秀で、うまく仕事をこなしていました。僕は他の4人に追いつくのに必死で、力の差に落ち込んだものでした。

そんなある日、社員の方がこんなことを言い出しました。

社員さん「この資料、もっとこういうことを徹底してもらえると嬉しいんだよね。みんな、ここに気を付けてもらってもいいかな?」

まあ普通の言葉ですよね。「あ、そこ気を付けなきゃいけないんだな」と僕は納得して、資料を直そうとしました。
しかし、他のメンバーはみんな、無言になって仕事をするのをやめ、こんなことを言い出しました。

Aくん「えーと、我々はその指示って事前にいただいていましたか？」
社員さん「え？　いや、今初めて言ったと思うけど」
Bくん「ということは、これって我々側の過失ではなくて、そっちの指示のミスですよね？」
社員さん「え？　いやいや、別にミスって話じゃなくて……」
Cさん「でも、どちらが悪いかっていったら、我々じゃなくてそっちですよね？」
社員さん「いや、だからどっちが悪いとかそんな話じゃなくて……」
Dさん「いや、でも責任の所在ははっきりさせましょうよ。社員さんは、今回の件で過失があったのは我々だと思ってます？　それとも、ご自身だと思います？」

社員さん　「えぇ……？」

社員さん涙目。僕、呆然。

「え、お前らどうしちゃったの？」って感じでした。社員さんも若かったんで、「私の言い方が悪かったのかな？」なんて考え出してしまいました。

「いや社員さんは何にも悪くないと思うけど……」と僕は思ったのですが、4人の勢いは止まりません。

その状況を見かねた社員さんの上司は、こんな風に言いました。

上司さん　「あのなあ。ちょっとした指摘に対してそんなワーワー言ってると、社会人としては失格だぞ。誰のせいだとか、そんなどうでもいいことは置いておいていいんだよ」

みんな「……」

それを聞いてみんな黙ってしまい、何も言いませんでした。ちゃんと言うべきことを言った上司さんも、さっきの社員さんたちも、僕も、「え、どうしたんだろう……?」と思いました。

その場はそれで終わり、その後はなんだかみんな力が抜けたかのように元気がなく、仕事を終えることになりました。

その後、僕は何人かに聞いてみました。「さっき、どうしたの?」と。

すると返ってきたのは意外な答えでした。

みんな「**いや、怒られちゃったのがショックで……**」

はい、ここまでの流れを追っていて、「怒られちゃったのがショックだったの……？」と疑問に思う人が多いと思います。一連の流れで、社員さんも上司の人も、みんなに対して軽く注意しただけに過ぎません。注意というにも軽いような、言うなれば「指摘」でしかなかったはずです。なのに、彼ら彼女らは、それを「怒られた」と捉えてしまいました。

このように、高学歴の中には怒られるのを極度に怖がり、怒られた後には大きく落ち込むメンタリティがあります。

また、過度に怒られるのを避けるあまりに、怒られそうになると、逆に相手の過失を指摘したりする場合があります。

僕「この仕事、こういう形でまとめてほしかったんだよね」

みんな「それ、先に言ってくださいよ」

こんな風に軽く指摘したつもりでも、「自分の責任になって、自分が怒られた」かのように錯覚し、「きちんと反論しないと自分が間違っていたことになってしまう」と思い込んでしまうわけです。これはやはり、1章でお話しした「労働者としてのスキル」「同僚としてのスキル」がちょっと欠けていると捉えられても仕方がないですよね。

このように、「軽い指摘に対しても真剣に反論してしまう」という、同僚としては嫌になってしまうような傾向を指して、ネットでは「高学歴はプライドが高いから、人から何か指摘されるのを嫌がるんだ」と言う人も多いです。

が、僕の考えは少し違います。この件、実はプライドはあんまり関係ないと思います。

もちろんそういう思考がないわけではないと思うのですが、しかしプライドがあまり高くない人でも、怒られるのを嫌がることは少なくありません。

高学歴が怒られるのを嫌がる理由は、単純に経験不足です。今までの人生の中で、人から何か指摘されたり怒られたりする経験が少なく、要するに「怒られ慣れていない」場合が多いんです。

既にお伝えした通り、高学歴は「いい子」だったケースが多いです。今までの人生の中で、きちんとやるべきことをこなし、先生からあまり怒られた経験がなく、人から上から目線で何かを言われるようなことはほとんどないような人生を送ってきました。つまり、「人から怒られる」ということに対して、単純に経験が乏しいのです。

みなさんは、高学歴が一番よくやるバイトを知っていますか？

一番はやっぱり、家庭教師です。子供に対して勉強を教えるバイトをして、お金を稼いでいる場合が多いです。そしてこの家庭教師というバイト、基本的にはそのバイト先で「先生」として扱われます。物を教える立場なので、相手から敬語で話されて、丁寧な扱いを受けるのです。時給もよくて、特に大きな失敗をしない限り怒られることもなく、のびのびとバイトができます。

逆に、普通の大学生に多いバイトは、飲食系ですよね。居酒屋でバイトして、先輩から怒られたりお客さんから理不尽に何か怒られたりして、精神的にダメージを負ったりすることもありながら、それでも働く場合が多いでしょう。こっちの方が、「怒られ慣れる」わけです。

もし自分が高学歴で、怒られないバイトとよく怒られるバイトのどちらかを選ぶとしたら、当然怒られない方を選びますよね。ですから自然な流れで高学歴は飲食系のバイトを避けがちになります。そっちの方が合理的だから当たり前にそうするわけですが、しかしその結果として、「怒られる経験」が少なくなってしまうのです。

さらにもっと言うなら、高学歴で勉強に関して自分を適切に追い込んできた経験がある人の中には、こだわりが強い人がよくいます。2章で説明した通り、何をするにしても完璧主義で、「100点以外では気が済まない」「1位じゃないとだめ」

とストイックに自分を追い込んできた人が、結果として受験でも成功し、高学歴になったというパターンも多いのです。

だからこそ、仕事が100点満点でないと、「自分が否定された」と過度に感じてしまう場合が多いわけです。

また、同じ理屈で、「失敗」に関してもとても大きな恐怖心を持っている場合が多いです。よく世間やネットでは「高学歴は打たれ弱い」と言われていますが、僕はこの言説、間違ってはいないと思います。学生時代からとても優秀な人で、期待の新人として会社に入ったのに、最初のプロジェクトでちょっとうまくいかないことがあったからという理由で、会社をすぐに辞めて家に引きこもってしまった、というような東大卒の人もいます。僕が知っている限りでも確実に2、3人は存在します。

このように、高学歴は人から怒られる経験・できない経験・失敗した経験が少ない人が多く、そうしたこととの向き合い方で苦労する場合が多いのです。

「高学歴ゆえの繊細さ」とどう向き合うべきか

ここまでの話を踏まえると、考えておかなければならないのは、

「高学歴は怒られ慣れていない場合が多く、慣れるまでは自分の過失を認めなかったり、こちらに対して攻撃的になったりしてしまう場合がある」

ということです。もちろんどれくらいの人に当てはまるかはわかりませんし、学歴だけが関係する話ではないとは思うのですが、しかし僕の所感を言えば、「高学歴は怒られ慣れていない」という特徴があると、自信を持って言えます。

その上で、高学歴と一緒に仕事をする側ができることは何なのでしょうか？

僕が考えるに、

- 「高学歴に何か指摘をする際には、『バッド』ではなく『ベター』を伝えること」
- 「高学歴に対しては、指摘した後に落ち込んでいないかを特に念入りに確認すること」

この2点です。

まず、「『バッド』ではなく『ベター』」というのは、簡単な言い方の問題です。

「ここがダメだったね」「ここはよくないね」という言い方でダメ出ししてしまうと、高学歴の人は「ダメだったんだ……」と、普通の人よりも過度に、否定されたような気分になる場合があります。

ですから、「ここ、もっとこうすればよりよいものになると思うよ」「ここの部分だけ、こうしてほしいな。それ以外は大丈夫」というように、同じダメ出しでも「よりよくするために」という言い方をするのです。

「テストでは100点満点を取りたい」と考えている高学歴に、「あなたのテストは100点じゃなかったよ」と言ってしまうと、たとえそれが99点であってもストレスを感じます。それよりも、「100点満点だけど、120点にする回答はこうだよ」と言ってあげた方が、心地よく話を受け止められる場合が多いんです。ですから、「よりよくするために」という語り口を、ぜひ心がけてあげてください。

その上で、もう1つのポイントは「指摘した後に相手が落ち込んでいないかを確認すること」です。おそらくですが、みなさんの中には、先ほどの『バッド』ではなく『ベター』の話を聞いて「そこまで気を遣わなければならないの？」と思った人も多いのではないでしょうか。

そりゃそうですよね。そんな腫《は》れ物を扱うかのように、同じ職場の人と接したくはないと思います。それに、あんまり気を遣いすぎていると、本人の成長にもつながりません。100点じゃないのに「100点だったよ」と言ってしまうのは、単純に嘘になってしまいます。

ですから、言わなければならない時は言うべきです。

何か間違っているなら、ちゃんと指摘して、ときには怒ってもいいし、怖がられることを回避するのではなく、怖がられてもあえてストレートに言うべきタイミングというのもあるでしょう。それはもう、普通の部下と同じくそういうものだと思います。

だから、よくない態度を取っている場合には、きちんと「今、よくない態度だよ」と指摘してあげることも大切です。本章冒頭のエピソードに出てきた、僕が昔働いていたインターン先の上司の人はみんなに「そういうのは社会人失格だ」と言っていましたが、それくらいはっきり言ってもいいと思います。

とはいえ、いくつか気をつけておいた方がいいこともあるのは事実です。

例えば、「ただ否定したいのではなく、相手のスキルを上げることを目的にしていること」を明確に伝えるといいでしょう。

2章では、「目的を明確にしておくと、高学歴はとても動きやすい」ということをお話ししましたが、「労働者としてのスキル・同僚としてのスキルを身につけるために指摘するんだけど……」という前置きをするとうまく相手に入っていく場合があります。

「自分が今、こういう指摘をしているのは、君が社会人としてのスキルを得て、向上してもらうために言っているんだ」という前提を明確にしておくのです。基本的に高学歴は向上心が高い場合が多いので、この言い方をしてあげるだけで、「あ、そうか、これは自分がレベルアップするために必要なことなんだな」と理解してくれます。

また、何か指摘したり失敗したりして落ち込んでいそうな時に、きちんとバックアップフォローをしてあげることも重要です。「落ち込みやすい」ということを念頭に置いて、ちょっと落ち込んでそうだったら声をかけるとか、そういうちょっとした気遣いをしてみましょう。

こういうことを言うと炎上しそうですが、高学歴は意外と繊細です。「こいつすごく仕事できるなあ!」と思うような人でも、意外と一回の失敗ですごく落ち込んで、「1日ずっと暗い部屋で寝込んでいました」なんて言ってくることもあります。そういう精神的な脆《もろ》さは、傍目から見ていて気づけないものです。人生経験が豊富なわれわれが、しっかりとサポートしてあげましょう。

第4章

高学歴は意外と感情的

今度は、「高学歴は意外と感情的」というポイントをお伝えしたいと思います。僕が実際に経験した話をさせてください。

どうでもいい話で延々と議論してしまう東大生たち

ある日、東大の中でみんなとおしゃべりしていた時のことです。僕は駒場キャンパスの近くに住んでいるAくんとこんな話をしました。

僕　「Aくんはキャンパスの近くに住んでるから羨《うらや》ましいよな。家からキャンパスまでどれくらいなの？」

Aくん　「俺んちから駒場キャンパスまでは、まあ大体15分くらいかな」

なんて会話をしていたら、その場にいたBくんが、いきなりこんな風に言い出しました。

Bくん「いや、Aの家から駒場キャンパスは10分くらいだよ」

と。

「(……いや、何の話?)」「(……ど、どうでもいい……)」

とみんなが思いましたが、Bくんは続けます。

Bくん「俺もAの家の近くでバイトしているからわかるけど、Aの家からキャンパスまでは10分かからないくらいだよ。早歩きだと8分くらい」

僕　「お、おう……（ど、どうでもいい……！）」

わかってもらえると思うのですが、超絶どうでもいい話です。それをこんなに強く主張されても、単純に困りますよね。

反論されたＡくんの反応はというと、

Aくん　「いや、そんなこと言っても、俺は毎日通ってるし」

お前はお前で折れないのかよ！　と内心ツッコミつつ、周りを見渡すと、みんな困っていました。「え、こんなくだらないことで議論するの？」と。

Bくん　「いや、だからあのコンビニの前を通っていけば……」

Aくん「そっちの道で行ったらもっと時間かかるだろ？　20分くらいかかるでしょ」

Bくん「いや、10分で着くよ」

見かねた僕はこう言いました。

僕「まあまあ、キャンパスっていうのは大きいから、例えば正門の前に来るまで10分だったとしても、そこから5分くらいは行きたい建物に着くまでのキャンパス内の移動の時間があるわけだろ？　だからAくんとBくんの意見が食い違っていても、どちらも間違ってないんじゃないかな？」

正直な話、僕のこの発言も大概で、高学歴特有のキモさがあふれた発言のようなところもあったのですが、周りもこれで「ああー」「まあ確かになー」みたいな空気になりました。

やった、これでこの話は終わりだなと思ったのですが、その瞬間、

Bくん「いや、キャンパスに着くまでという意味なら7分くらいだから」

お前まだ言うんかい！

結局、この不毛な議論は20分以上続きました。この話がどういうオチになったのかは、僕も20分で飽きて途中離脱したので知りません。

さてみなさん、この話、めちゃくちゃくだらないですよね。なんでこんな「他人の家からキャンパスまでの所要時間」なんてどうでもいい話題で20分も話をしているんだよ、と考えると思います。「高学歴」と言うと、論理的に物事を考えられる人であり、感情的にならずに行動することができる人というイメージがあると思います。

ですが、そのイメージは実際にはちょっと当てはまらない部分があります。なぜ

かというと、「高学歴ほど、負けず嫌い」だからです。

高学歴というのは、テストの点数でずっと競って、常に上位を狙い続けた人たちのことです。中学受験の塾では毎週テストで順位が張り出され、その順位が高い人から順番に前の席に座ることになり、中学高校でも全国模試の結果で何位なのかを競い合い、1番じゃなかったら「次こそは」と考え、大学を選ぶときも「1番だから東大」というような考えでその大学に行った人も多いような人たちです。

つまり、高学歴って、蓋を開けてみれば「負けず嫌いの集団」なんです。

そしてその負けず嫌いは、何に対しても発揮されます。

例えば僕がやっている会社では定期的に麻雀大会を開いています。社内の人も社外の取引先の方々も集めて、景品を用意して12人から20人くらいで戦うものです。

ガチで戦ってもいいし、初心者も大歓迎。麻雀でみんなの交流を深めよう、というイベントです。

で、その応募フォームで参加者を集めていたときのこと、参加希望の東大生の中に、こんなことを書いてくる人がいました。

「今日はガチで行きます。麻雀中、一言も喋りません」

「うわぁ……」と僕は思いましたが、もう何も言いませんでした。

大会当日の様子はというと、彼だけでなく東大生はみんな「ガチ」でした。実際、決勝に残ったメンツを見ると、みんな弊社に所属する東大生ばかりでした。「接待しろ」とは言いませんが、あまりにも本気すぎて僕はドン引きでした。

ということで、この章でみなさんにお伝えしたいことはシンプルです。

- 「高学歴には負けず嫌いが多い。論理的なタイプと思いきや、意外と感情的に物事を考える場合も多い」

さて、麻雀大会の話くらいであれば可愛いものなのですが、しかし意外と、仕事においてこの負けず嫌いが問題や軋轢を生じさせてしまう場合もあります。

例えば、感情を内部に溜め込んでしまう場合です。感情を外に出して教えてくれるならいいのですが、感情を表に出さず、誰にも話さずにじっと溜め込み、最後には爆発してしまう人もいます。普段から感情を表に出さないタイプで、でも「普段会話している感じ、特に不満はないんだろうな」と思っていたら、ある日突然辞めると言い出してきて、そのときになって初めて、「えっ、そんなことを思っていたの？　言ってくれれば改善したのに！」というようなフラストレーションを抱えていた、ということは結構あります。

高学歴の人も、意外と感情的になる場合が多いのだと考え、よく観察し、よくコミュニケーションを取る必要があると言えるでしょう。

それ以外にも、高学歴ならではの感情の問題もあります。

例えば、「ちゃんと自分の非を認めて謝罪すれば周りが納得する」という場面で、「自分は間違っていない」と主張する人というのは案外多いです。もっと言えば、意外とその主張が論理的で、その言い分を否定するのにとても労力がいることも多いんですよね。

高学歴なので、論理的に主張することはとても得意です。そしてだからこそ、あたかも「論理的に考えてこうだ」という主張を展開してきます。が、実際はとてもシンプルに「自分は謝りたくない」というだけ、ということも多いです。

この話、あまり詳細に具体例を出すととても生々しくなってしまうので簡単な例で言うと、こんなイメージです。

僕　「Cくん、オフィスでペットボトルのゴミを捨てる時、ラベルとボトルの分別しなかったでしょ？　次回から気をつけてね」

Cくん「そもそも僕はオフィスでのゴミの分別に関して情報をもらっていません」

僕「一応、前に渡した『オフィス利用の手引き』の14ページに書いてあったんだけど……」

Cくん「ただ渡されただけで、読み合わせなどを行っていません。そもそもオフィス利用に関することなどの重要な事項が、紙の資料だけを渡して終わりになっている現状はいかがなものでしょうか」

僕「（次から気を付けてくれるだけでいいんだけどなぁ……）」

みたいな具合です。みなさんの中にも「確かにそれ、よくあるよな」と思う人、多いのではないでしょうか？

「感情的になる高学歴」への対処法

さて、こういう状況に対する解決策は、

「高学歴に対して、感情と論理を切り分ける訓練を促す」というものです。

社会人として重要なスキルの1つに、「感情と論理を切り分ける」というものがあると思います。

例えば、D社との仕事を進めている中で、どう考えてもこっちが悪くないのにD社の担当者が怒っている、という状況を考えてみてください。

仕事をしているとよくある話だとは思うのですが、こういう時、みなさんならどうしますか？

①「こっちは悪くない」と主張する
②「こっちが悪かったです」と謝る

この場合、D社が大口の取引先で、D社との契約が会社の大きな利益につながる場合は、②を選択する人が多いのではないでしょうか。もちろん感情としては①を選びたいはずですし、②を選んでも本心では「こっちが悪い」とは思っていないでしょうが、それでも②を選ぶ人が多いと思います。

感情的な選択と、論理的な選択。

感情を取る選択と、利益を取る選択。

これは相反するものであり、社会人になると感情を一旦置いておいて論理を取らなければならない場面というのがしばしばあります。でも、これができない人というのは一定数存在し、高学歴の中には特にこうした人は多いです。

こういう場合に実益を取る選択ができない人たちの多くが勘違いしていることが

1つあります。それは、「フリ」でもいいと言うことです。別に感情がどうであってもいいのです。

本当は反省しておらず、内心で「ふざけんな、このやろー!」と思っていても、反省しているフリをするだけで、ただ謝るフリをするだけのことでメリットが得られるのであれば、「フリ」をするのは合理的な選択だと考えられるのではないでしょうか。

シンプルに考えましょう。「ただ『ごめんなさい』と言うだけで5000円あげます」と言われたら、多くの人が「ごめんなさい」と言うのではないでしょうか? 非常に簡単な話で、多くの人がそうできるはずです。

それなのに、「ごめんなさい」と言えなくなってしまうのは、自分でも知らず知らずのうちに感情に支配されているからです。怒りをはじめとした別の感情に左右されてしまって、「ごめんなさい」と言えなくなってしまうことが多いのです。

感情だけで物事を判断していると、本来得られたはずの利益を得ることができません。感情を切り離し、合理を取る選択をする訓練をすると、「ごめんなさい」と言えるようになるのです。

そしてこればっかりは、人から学ばないと理解して行動できない分野でもあります。誰かがきちんと、「感情と論理は切り離すべきだ」と、何度も根気強く説明しないと、理解できないのです。人間は動物であり、動物は感情で動くものです。その感情に支配されてしまうのは当然の話でしかありません。

でも、人間はただの動物ではなく、理性を持った動物です。その理性の部分をしっかりと確固たるものにしてあげるためには、粘り強く対話していく必要があるのです。怒りを抑えるための技術を磨くアンガーマネジメントという分野がありますが、怒りを抑えるのには感情論ではなく技術が必要であると考えられているからこそ、こういう分野が存在するわけです。

僕は、部下にこの話をするときは、できるだけ部下を飯に誘ってじっくり語る場を設けています。それが無理でも、しっかりと時間を取って部屋を借りて、この話を伝えるための状況を作って、丁寧にこの話を伝えます。

僕も以前は感情と論理を切り離せなかった人間ですが、この話を根気強く教えてくれた人がいました。だからこそ、自分もその人と同じことをしているわけです。

感情と論理の切り分けをみなさんが根気強く伝えれば、きっと教え込んだその人から、この輪は広がっていくと思います。

第5章

高学歴は記憶力がいい

次の特徴は、「高学歴は記憶力がいい」です。

これ、「いいことじゃないか」と考える人も多いと思います。言われた指示を忘れずに覚えていたり、一度聞いて飲み込みが早かったり、というのは労働者としてとてもいい能力ですよね。

でも実はこれ、扱い方を間違えると、思ったよりも厄介な問題を誘発させてしまう可能性があるのです。

「記憶力がいい」の厄介さ

例えば、僕の会社では仕事をした日には日報を書いて提出することを義務づけています。「○月×日、今日はこんな仕事をした」と。こういう会社、結構あると思います。

この日報に、毎回「今日読んだネットニュース」を貼っている東大生がいたのです。彼はそれをずっと続けていて、毎回いろんなニュースをシェアしてくれていました。

僕　「Aくんこのニュースを貼る取り組み、いいね」

なんて声をかけると、Aくんはなぜか怪訝《けげん》そうな顔をして、こんな風に言いました。

Aくん　「前に西岡さんが言っていた通りにやっただけですけど」

僕　「え⁉　いつそう言ったっけ？」

Aくん　「1年半前ですね」

僕　「そんなに前⁉」

そうなんです。僕は確かに1年半前、彼の入社時に「日報にはどんなことを書けばいいですか?」と聞かれて、「ああ、最近読んだニュースとかいいんじゃない?」と答えていたのです。彼は律儀にそれを守り続けて、言った張本人の僕が忘れるほどの年月が経っても、ずっと日報にニュースを書いていたのです。

彼からすると、言われたことをただやっていただけのこと。

そして僕の「いいね」発言で、「西岡さん、あの時の指示を覚えていなかったんだ」「ずっと頑張って続けていたのに」とマイナスな感情を持たれてしまいました。

これは完全に僕が悪いですね。

さて、このように高学歴は記憶力がいいので、前に言った指示をずっと覚え続けていて、こちら側の認識と齟齬《そご》が生じる場合があります。

高学歴からしたら「え? 自分で言った指示を覚えてないんですか?」と、覚えていることが当然の話なのですが、こちら側はずっと前のことなので忘れてしまい、

「え？　そんなこと言ったっけ……？」となってしまう場合が多々あるのです。
「記憶力のよさによる齟齬」は、いろんなところで発揮されます。
例えば、こういう会話がよく発生します。

僕　「毎回メールの下書きチェックをしてもらいに来るけど、いい感じで毎回作れているし、いちいちチェックしてもらわなくてもいいんだよ？」
Bさん　「いえ、前に一度、メールの文面でミスをしてしまったので」
僕　「え、いつの話それ？」
Bさん　「2年前です」
僕　「2年前!?」

記憶力がいいから、人の発言や指示、自分のミスや「やらかし」などをいつまでも忘れないのです。指示を出した当人が忘れていても、ずっと前の指示や昔の失敗を覚えているわけです。

そうすると、こんな困ったことが発生します。

こちらが忘れている古い指示を高学歴の人がずっと覚えていて、それが新しい指示と噛み合わないことがあったとき、相手からすると「言われたことと違う」と混乱してしまう、ということが発生するのです。

例えばさっきのケースで言えば、

Bさん「西岡さんが『メールチェックをしてもらってからメールを送るように』って言ったんじゃないですか。それを『チェックしないでもいい』って言うのって、矛盾してませんか？」

と、こちら側に言ってくる場合があるのです。

もっと言えば、直接そう言ってくれるのであれば問題ないんですが、多くの場合「あの人の指示、矛盾してたよなぁ」とマイナスの感情を抱きつつも、それをこちら側に表明しないで静かに不満を溜め、いつの間にかいなくなってしまうこともあるのです。

また、「前と言っていること違う！」と怒られることもあります。

Cくん「西岡さんは、前に『何か困ったことがあったらすぐに連絡してくれ』って言ってたのに、最近は『自分で判断していいから、いちいち連絡しないでいいよ』って言ってくる。前言ったことと違います、どうすればいいんですか？」

僕「え、えぇ……？」

わかってくださる人も多いと思うのですが、確かに僕は両方発言しているものの、矛盾しているわけではなく、そのCくんの状況が変わったとか、今の仕事がスピード感を求められる案件だとか、そんな状況の変化があってこちらが新しい指示をしただけのことです。

僕の中では新しい指示を出しただけなのですが、Cくんからしたら、僕が指示を「変えた」ように映るわけです。僕がその認識なく、一見すると過去の発言と違うことを言ってしまうと、「西岡さんの指示はよく変わる」「信用できない」という印象を持たれてしまうわけです。

たかが記憶力の違いが、こんなに相手の心証を変えてしまうわけです。怖いですよね。

ちょっと脱線しますが、僕が会社のインターンの東大生たちにいじられていることが1つあります。

「西岡さんは、『わかりがち』」です。

僕は先ほどの話も踏まえて、よく相手に対して、「気持ちはわかるよ」と言います。感情論としては理解できるけど、これは仕事だから、と発言するやつですね。
で、その受け答えの中で、僕がよく使うのは「わかるよ」という言葉なのです。

Dくん「さっきこんなことがあって、なんか腹が立っちゃって」

僕「あー。気持ちはわかるよ？　でも受け入れてこうしようか」

Eさん「西岡さん、Dくんがこう言ってきて」

僕「まあ、気持ちはわかるなぁ。でもDくんもこういう意図を持っているんじゃないのか？」

みたいな。
で、インターン生たちはそれを何度も聞いているからこそ、「西岡さんって、『わかるよ』ってよく言うよね」「西岡さんは人の気持ちわかりがちだよね」というトークが発生しているのだそうです。

彼ら彼女らの中では、僕の「わかるよ」という言葉は、多用されていて軽いものとして受け取られていて、「西岡さんが『わかるよ』って言うのは、義務的に言っているんじゃないか」と言われてしまっているのです。

確かに僕はこのセリフ、何度も使っているとは思うのですが、別にそれは義務的だからというわけではなく、単純に僕がみんなより記憶力が悪くて、前に言った「わかるよ」を忘れて、「わかるよ」という言葉を多用している、ということです。

しかし周囲では、「ただの口癖ではないか？」という疑惑が発生してしまっているのです。

これもやっぱり、以前のその人の発言を覚えていることが多い、高学歴ならでは、という感じがしますよね。

「自分が忘れていること」を覚えている人と接する心得

ですので、ここまでを踏まえて考えると、考えておかなければならないのは、

- 「高学歴は記憶力がよく、上司や周りの人が忘れていることも覚えている場合が多い」

ということです。

その上で、こちら側ができることを明確にしておきます。

- 「高学歴に対しては特に、何か指示をしたら、メモを取って忘れないようにする

こと」

- 「高学歴に対しては特に、言い回しを変えるようにすること」

この2点です。

きちんと、自分が相手に対してどんな指示を出したのかをメモするようにします。些細なことでもいいので、簡単でもいいので、メモを取ります。「こんなことを言った」とか「こんな指示を出した」とかです。

特に重要なのは、「どう褒めたか」「どう指摘したか」の2点です。この2つは、上司であるこちら側がどういうことを肯定的に捉えていて、どういうことを否定的に捉えているかという価値観の部分につながります。そして、「前に褒められたことと違う」「指摘されたことと違う」というのは、基本的に相手から不信感を持たれてしまう場合が多いのです。

「あの人って、その場限りで判断しているよね」「気分によって話が変わるよね」と思われてしまうと、その人には何を言っても届かなくなってしまうわけです。ですから、その場限りで判断しているのではなく、気分によって話を変えているわけでもなく、しっかりと軸があって行動しているということを明確にできるようにしなければならないわけですね。

そう考えると、やはり2章でお話しした通り、「目的」というのは重要です。相手の目的と自分の目的を明確にして会話し、自分の目的がブレていないことが相手に伝われば、相手としても「気分で判断しているわけではないんだな」と思ってもらえるようになります。

第6章

高学歴は納得しないと進めない

「納得しないと進めない」というのも、高学歴が仕事をするときに見られる特徴です。
具体的にどういうことか、ご説明しましょう。

高学歴は「定義」「理由」を求めがち

まず、そもそも論として、高学歴の人たちは、物事を小難しく考えることが多いと感じます。
例えば高学歴は、よくこういう言葉を口にします。

僕　「Aくんは、友達って多い方かな？」

Aくん　「それは『友達』の定義によりますね」

そう、「定義」という言葉を持ち出すというものです。

こちらとしては軽く聞いたはずの物事に対して、「定義をしっかりとしてくださぃ」と言われることはとても多いです。

こちらとしては「もう少し軽い会話がしたいんだけどなぁ」と思うわけですが、しかし彼ら彼女らの言っていることは間違ってはいません。定義が明確でない物事に対して話を進めていくと、認識に齟齬が生じる可能性がありますよね。そこで話をしても、両者ともに納得感がないわけです。

例えば「友達が多い方かどうか」という質問に対してただ「多いです」と返されても、納得感は薄いですよね。「どういう基準で言っているんだろう？」と思ってしまいます。「友達は30人います」と言われても、「何を基準にしてその数字が出てきたんだ？」と思いますよね。

ですから、きちんと話をする際には定義を明確にした方がいいというのは、納得感を得るための措置としてとても正しいのです。まあ、確かに面倒くさいことには変わりないのですが……。

このように、「納得しないと進めない」という特徴というのは、得てして「面倒くさい」ことが多いです。

例えば、僕はしょっちゅう、東大生のインターンとこんな会話をします。

僕　「あ、Bさんちょっといいかな？　昨晩、先方にメールを送っていたと思うんだけど、24時を超えて深夜にメールをするのはあんまりいいことではないので、次回以降は朝に送った方がいいかも」

Bさん　「なぜでしょうか？」

僕　「え？」

Bさん　「夜にメールを送ってはいけないのはなぜでしょうか？」

こういう「なぜ？」を聞かれることがよくあります。

ルールや社会常識としてそう決まっていることに対して、多くの人は「そういうもんか」と飲み込み、受け入れる場合が多いと思いますが、高学歴であればあるほど、「なぜ？」と問うことが多いです。

ちなみに、今まで僕が「なぜ？」と聞かれた質問にはこんなものがあります。

- 社会人の方にミーティングをお願いする時に、土日祝日をミーティング候補日から除外した方がいいのはなぜですか？
- 社会人の方に土日祝日にあまり連絡をしない方がいいのはなぜですか？
- 夜の時間にあまり連絡をしない方がいいのはなぜですか？
- タクシーに乗る時に、一番目下の人が助手席に乗らなければならないのはなぜですか？

- 日程調整をするときに、日程候補を複数個送った方がいいのはなぜですか？
- 仕事の進捗を途中で報告しなければいけないのはなぜですか？　最後にいっぺんに提出した方がよくないですか？
- 誰も欠席の人がいない会議であっても議事録を取らなければならないのはなぜですか？

……多いなぁ!?

こうやって書いてみて自分でも驚きましたけど、多すぎますね！

しかも中には、「そんなこと聞くなよ」と思うようなものもありますね。

そしてもう1つ面倒くさいことに、高学歴は自分が納得するまでずっと質問を続けてくるんです。

例えばこんな感じです。

僕　「夜にメールをするとなると、相手は仕事の時間外にメールを見ることになるじゃん？　だから、あんまり深夜にメールをしないようにして、仕事の時間にメールを送ってあげる方がいいんだよね」

Bさん　「でもメールって、その場で見なくても、朝まとめて夜に届いていたメールを見ればいいんですから、仕事の時間外の稼働にはならないと思います。こちらが朝までメールを保存しておいて朝に送るとなると、忘れてしまうこともあるし、夜のうちにメールを送っておいた方が双方のためではないですか？」

こちらとしては「そういうものだから受け入れてくれよ！」で会話を終わらせたいところですが、そうすることを許してくれないんです。

また、「この会議って必要ですか?」「この時間って必要ですか?」という問いも多いです。

これは東大生に特有かもしれませんが、「とにかく1分1秒、時間を無駄にしたくない」という感覚はとても強いのです。

具体的に言うと、次のようなやりとりは日常茶飯事です。

僕「Cくん、来週の土曜日にこういうイベントがあるから、この日は予定を空けといてくれない?」

Cくん「そのイベントは、何時からスタートして何時に終わりますか? イベントの時間を見ると拘束時間が5時間とかなり長いですが、その間の我々の動きはどのようなものになるでしょうか? 詳細をいただいてから、その日空けるかどうかを判断します」

僕「お、おうそうか、ちょっと明確にするね」

他にも、「このミーティング、ちょっと自分がいる意味を感じないので辞退させてもらいます」と急に言ってくる人もいますし、「この会議をやってもあまり意味を感じないので、来週からなくした方がよくないですか？」と言ってくる人もいます。時間の話で言えば、会社の飲み会をしていても、急にＰＣを取り出して「課題やりながら話をさせてください」と言い出す人もいました。

別に、遊びに誘っても来ない、というわけではありません。遊ぶときはしっかり遊びます。でも、どんなに盛り上がっていても「あ、15時まででしたよね。じゃ帰ります」とだらだらと時間を無駄にしないように明確に時間で区切る、といったことは高学歴特有の特徴と言ってもよさそうです。

これも、納得してその時間を過ごしたいし、やるからには意味を持たせたい。そんな思考をしているタイプの人が多いからではないかと僕は考えています。

ですので、ここから導き出される高学歴の傾向は、

- 「高学歴は納得感を持って仕事に臨みたいと考え、与えられた仕事の意味や慣習に対して『なぜ？』という思考をする場合が多い」
- 「高学歴は意味の感じられない時間や意味の感じられない会議を忌避する傾向がある」

ということです。

高学歴は面倒くさい

さて、これに対する解決策として考えられるのはどのようなことなのか。

正直な話、これに関しては、「きちんと向き合おうとすること」以外の選択肢はないと思います。

この章ではあえて、「こういうことを言われるのって面倒くさいですよね？」という言い方をしていました。しかし、面倒くさいのは事実ですが、言っていることは間違ってはいないんですよね。

今までの章で取り上げた特徴と違い、この「納得しないと進めない」ことによって何か大きな問題が生じてしまうことはないのではないでしょうか。

というかむしろ、本当に意味のない会議なのであれば、やめるべきなのは当たり前です。頭のいい人が「納得できない慣習だ」と思うようなことなのであれば、それは本当は多くの人にとって納得できないものであることも多いのだと思います。

こういう質問は、むしろ積極的にしてもらった方が、新しい風にもなるわけです。

僕も、「夜にメールを送ってはいけないのはなぜなのか？」という質問をされて、いろいろ会話をしているうちに、「ん？　確かにBさんの言うことも正しいな」と感じました。
そこで改めて調べたところ、「『夜分遅くにすみません』と一言入れておけば、別にメールすること自体はマナー違反ではない」と書いてあったので、Bさんと「じゃあ次回から『夜分遅くにすみません』だけ入れてメールするようにしようか」という話をして、それでBさんも納得してくれました。後から振り返ると「自分にとっていい勉強の機会だったな」と思っています。
もちろん、「多くの人がそう感じるから、それはやめておいた方がいい」ということもあると思いますし、「言い方だけ、受け取られ方だけ気をつけた方がいい」ということもあると思います。

僕　「日程候補を複数出さないと、相手が空いていないかもしれないだろ？　3つくらい出して調整してもらう方がいいんだよ」

Dくん　「でも今回は、どうしてもこの日程しかダメだったんですよ」

僕「ああ、それなら仕方ないな。でもそれなら、『ピンポイントでごめんなさい！』とか入れておいた方がいいよ」

Dくん「えー、そういうの要ります？」

僕「まあ、あったら配慮ができるやつだと思ってもらえるとは思うよ。こういう些細なところの印象がいいと、君がやりたがっていた仕事も先方に通しやすくなるかもしれないよ？」

こんな風に、丁寧に「なぜそうするべきなのか」を説明しつつ、相手の意見も尊重してあげることが重要です。

どうしても「えー、西岡さんが言っている言い方をすることってそんなに重要ですか？」と相手が言ってくるようであれば、「じゃあ部内の他の人に聞いてみなよ」と促すこともあります。1対1の関係の中だと相手としては納得しにくいこともありますから。

ですからこんな風に、第三者の目線で説明してもらうことも重要だと思います。その上で、高学歴に向けては特に、「その仕事に対して、無駄だと思われないような工夫」が必要です。

「この会議にはこういう意味がある」「この時間は、こういう意図があって設けている」という目的を明確にするのです。2章でお話ししたことと同じですが、それが一番大事なのだと僕は思います。

ちょっと脱線しますが、高学歴の人が目的を求めたがる理由は、実は脳の作りの問題にある可能性があります。脳自体が、目的を求める器官だという説すら提唱されているのです。

ヴァンダービルト大学のマイケル・トレッドウェイが率いる研究チームがJournal of Neuroscienceに寄稿した研究論文で、努力に関する実験の結果が報告されています。その中で、努力できるかどうかは、脳のいくつかの部分の活性化している度合いによって決まる可能性が高いことが示唆されています。

この活性化している部分のことを、「報酬系」と呼びます。ここでは、何らかの目的を達成したときにドーパミンと呼ばれる神経伝達物質が放出され快感を得ることができるというものです。この報酬系の作用が強い人の一部は、損得を考える思考が強いことがわかっており、「報酬があるかないか」によってやる気やモチベーションが変わってくるのだそうです。

科学的な裏付けはできないのですが、僕は、高学歴の人はこの報酬系の作用が活発な人が多いのではないかと思っています。「こういうメリットがあるから頑張ろう」というように、メリットとデメリットを論理的に考えることで、自分のモチベーションを高めている場合が多いのではないかということです。そうであるとするならば、他の人よりもメリットとデメリットを明確にしてあげて、「こういうメリットがあるんだよ」ということを明確に示してあげることが必要なのではないかと思います。

でも、「メリットとデメリットを明確にする必要がある」というのは、別に高学歴がどうとか関係ない話ですよね。

例えば、他のどの拷問よりも人間が一番辛いのは、「意味のないことをすること」だと言われています。「穴を掘れ」と言われて穴を掘り、終わったら逆に「埋めろ」と言われて埋めて、また「穴を掘れ」と言われて穴を掘る、という無意味な行為を繰り返すことが一番精神的に苦痛だと言われています。「賽《さい》の河原」というあの世の苦行でも同じことが言われていますが、「意味がない」と思うことをやっている時が一番、精神的に追い詰められてしまうタイミングなのだそうです。

そして、高学歴の人ほど、この拷問に対してより強い精神的苦痛を被ってしまうのではないでしょうか。だからこそ、目的を明確にして仕事を振ってあげるようにしましょう。

そして、もっと大きな枠組みの話をするのであれば、その会社にいる意味、その会社で働く意味に関しても、個人の目的やメリットを明確にしてあげることが重要です。

うちの会社のインターン面接では、最終審査は僕が行うことにしているのですが、高学歴の人たちには同じ質問をしています。

「あなたがうちの会社に来て叶えたい欲望はなんですか？　あなたがうちの会社に来て得られるメリットはどのようなものがあると考えていますか？」

そして、この質問に対して、次のような答えをよく聞きます。

「数多くの経験を得たい」「こういうスキルを身につけたい」「こういう職業に就くためにこんな仕事を体感しておきたい」「ベンチャー企業がどんな場所なのか体感したい」などなど、回答は多岐にわたります。

そして選考基準はとてもシンプルで、その相手のメリットをこちらが用意できるのであれば、採用です。

「確かにその経験はうちでできるだろうから採用」「このスキルはこっちの企業の方が得られるだろうから、うちではなくてそっちを紹介するので不採用」みたいな感じです。

「え、そんな基準なの？」と思うかもしれませんが、このようにして採用するのが一番、高学歴たちのモチベーションを維持しやすいのです。どんなにいい人材でも、うちの会社にいるメリットがなければ、モチベーションが低くなってしまい、人材として使い物にならなくなってしまいます。

逆に、どんなに今のスキルが低くても、会社にいるメリットを感じてくれているうちは、努力をして、きちんと仕事をしてくれます。もしアウトプットの質が低くなっていたら、「あのとき言っていたメリットをこの会社で感じられなくなったの？」と聞きます。

そうすることで、会社全体のモチベーションは維持されて、みんなが目的を持って行動できる状態にすることができるのです。

「納得」によってモチベーションを維持する方法、みなさんもぜひ、参考にしてみてください。

第7章

高学歴は、不幸だ

ここまで、高学歴たちとの接し方をコミカルにお話ししてきた本書ですが、ここでみなさんに対して1つ、重い話をお伝えしておかなければなりません。

それは、「高学歴は、自分でも気付かないうちに幸福度が低くなりやすい」ということです。この前提を頭に入れておかないと、あっという間にみなさんの会社から高学歴の人はいなくなってしまいますし、なんならみなさんの会社に入った結果、うつ病になってしまうこともあるかもしれません。

なぜ「東大生は不幸になる」のか？

突然ですがみなさんは、「東大生は不幸になる」という言説を知っていますか？

2024年1月29日にネット番組「Abema Prime」でも特集として取り上げられた話題なのですが、東大に合格している人というのは、卒業後に幸福度が大きく下がる傾向があるという話です。

例えば大手商社や官僚として活躍するようになった東大の卒業生が、なぜか卒業した後で、幸福度がぐっと下がってしまうことがあるのです。また、せっかく入ったにもかかわらず、数ヶ月でその企業を辞めてしまったり、うつ病になって休職するようになったりする人が多いのです。僕自身、東大生の友達でうつになった人を複数見てきました。

頑張って勉強してきた結果、一流企業に入ることができて、本人も優秀なはずなのに、なぜそんなことが起こってしまうのでしょう？

それにはいくつかの理由が考えられます。

まず1つの理由は、3章でもお話しした、「高学歴の繊細さ」にあると思います。今までの人生で大きな失敗をしてきたことがないので、精神的に少し脆いところがあるのです。彼らは一度の失敗を大きく捉えすぎてしまって、その失敗を受け入れられないことが少なくありません。それが東大生の幸福度が低い原因の1つだと思います。

また別の理由として考えられるのは、「高学歴なんだからこれくらいできるだろう」というような外からのプレッシャーです。「東大生のくせにこんなこともできないのか」というような圧力をかけられて苦しんでいる人は多いですよね。ちょっと失敗しただけでも揚げ足を取るように指摘され、怒られる、と。テレビのクイズ番組でも、東大生が間違える瞬間が一番盛り上がります。高学歴だというだけで、周りからの期待値が特別に高くなってしまい、その結果、少しの失敗でも周囲にがっかりされ、本人が不幸になってしまうということもあるのでしょう。

ちょっと脱線しますが、「東大生になると、親戚が増える」という話を知っていますか？

東大に合格すると、今まで全然会ったことのないような遠い親戚が、「自分は親戚です」と言って会いにくることがあります。これは、芸能人とかスポーツ選手だとかなりポピュラーな話だそうですが、東大生にも同じことが起こります。それくらい、高学歴というのは世間からの注目が集まる生き物であり、だからこそ外からの視線を気にして生きる人も多いわけです。

加えて、さらなる理由は、「自分でやりたいようにやらない」です。「やれない」ではなく、「やらない」なのがポイントです。高学歴は、自分の意思や自分のやりたいことよりも、周りが求めることをしたいと考えてしまう傾向があるのです。

例えば、僕はよく東大生たちからこんなことを言われます。

「西岡さん、自分は何をすればいいですか?」

「どんな仕事をすればいいですか?」

と。まあ普通の言葉だと思うのですが、しかしこの言葉をかなりの場面で、それこそ「自分で判断してほしいとき」にも、使ってきます。

Aくん「西岡さん。7日に取引先に提出する予定のファイルなんですが、西岡さんもチェックしてください」

僕「え、あのプロジェクトは君に任せているから、別に僕のチェックは挟まなくていいよ。でも、聞きたいことがあるなら今聞くよ」

Aくん「いえ、聞きたいこととかはないのですが」

このように、上司の立場からすると「自由にやっていいよ」「そっちの方が楽しいと思うよ」という意図で投げた仕事に対して、高学歴が「自由に、と言われても……」と細かい指示を求めてくる、そんな場面は多々あります。これも3章の「高学歴はずっと優等生だったので、怒られるのが怖い」という議論に通じます。

もちろん一定レベルでのディレクションは上司がやる必要があるものですが、しかし度を超えて上司に相談し、自分で判断しようとしないことがあるのです。そうなると、「言われた仕事」をずっとやることになります。

多くの人が「仕事が楽しい」と思える瞬間って、「仕事における裁量が与えられて、自分で自由に仕事を動かすことができるとき」だと思います。人から与えられてそれを全うするだけだと、タスクを処理するような感覚になってしまい、短期的には楽しいかもしれませんが、でもずっと続けていたら退屈ですよね。にもかかわらず、その「仕事が楽しい」と思える瞬間を放棄して、上の人に意見を求める高学歴が実はたくさんいるのです。

なお、この特徴は「プレイヤーとしてはとても優秀なのに、マネージャーとしての能力がなかなか育たない」ということを意味します。言われた通りに手を動かすばかりで、自分から「もっとこうした方がいいんじゃないか」ということを考え、人を動かしたりすることがない、ということです。

優秀な人材をプレイヤーからマネージャーにする言葉

高学歴が会社に入ってから悩みがちなことに、マネジメントの能力がなかなか育たない、という問題があります。彼らはプレイヤーとしての能力は高くても、マネジメントして人を動かすというのは苦手で、逆に「自分でやった方が早いから」という理由で人に仕事を振ることができず、どんどん自分が仕事を抱えすぎてしまうのです。

こんな場面、みなさんも見覚えがあるのではないでしょうか。

僕　「さすがに仕事抱えすぎじゃない？　ちゃんと助けるから、業務の分担もしようよ」

Bさん　「いえ、この仕事は自分にしかできないことなので。自分がやります」

こんな風に、自分で全ての仕事を全うしなければならないと考えてしまって、こちらに仕事を投げてくれないことも多いです。

要するに、

1 裁量を与えても、自由に自分で物事を判断しようとしない

2 だからこそ、プレイヤーとしてばかり仕事をしてしまい、マネージャーとしてのスキルが育たない

3 その結果、自分で仕事を抱えすぎてしまって、人に仕事が振れずにパンクしてしまう

ということですね。こうなると確かに、仕事を抱えすぎて不幸になってしまったり、失敗してしまったりするのも納得できます。その上、マネージャースキルは会社組織

の「上」の人たち、つまりは経営的な視点を持つことを求められる立場の人に求められるものですから、思うように出世できなくなって悩んでしまうということにもつながります。

頭がいい人は本来「自分の頭で考える能力」が高いはずであり、マネージャーとしての適性はあるはずです。むしろ、高学歴のエリートに求められるのはマネージャー・経営視点を持つことだと思います。それなのに、自由に発想したり、「こんなことをやってみよう」と考えたり、人を動かしたりするのが苦手……。

なんだか矛盾しているように感じるかもしれませんが、それは今までの話を振り返って考えていくとわかってきます。

まず、東大生は怒られるのが怖いのです。「失敗して、怒られたくない」と考えるあまり、自分で考えて判断することを嫌うわけですね。そして、記憶力がいいからこそ、一度失敗してしまうと、その失敗が残り続けてしまいます。例えば一度自分で自由に考えて行動した結果、失敗してしまったならば、その経験の記憶がずっと頭に残り続けてしまうんですよね。

Cくん「西岡さん、先方に送る企画書なんですけど」

僕「え、Cくんもうベテランだから、勝手に送っていいよ?」

Cくん「いやあ、前にミスっちゃったので、それ以降ずっと不安で……」

というトークはよくあります。失敗するのを怖がるあまり、自分で物事を判断したくない、と考えてしまうのです。

既にお話しした通り、高学歴には世間からの視線が集まります。そして、評価の基準が普通よりも厳しいです。なので「ここで失敗したら、『東大生のくせに』って言われるんだろうな」と考えた結果、リスクを取って挑戦することが難しくなってしまいます。

僕も、仕事を抱えがちな東大生に「なんでそんなに仕事を抱えるの？　他の人を頼りなよ」と言ったことがあるのですが、そのときこう返されました。

「いや、頼ってしまうのはなんだか申し訳ないし、自分一人ではできなかったって意味で失敗のように感じられて」

と。要するに、「失敗したくない、できない」という感覚が彼ら彼女らの成長を阻害しているのです。

では、そんな中で、どんなふうに高学歴と接すればいいのか？

これはとても簡単な話です。まずはこの「高学歴の幸福論」を理解してあげましょう。気軽に「高学歴なのにこんなこともできないのか」などと言わないこと。初歩的なミスをしたとしても、高学歴という色眼鏡では評価しないこと。これが一番重要なことです。

その上でもう1つ重要なのは、「失敗したときでも、相手を評価すること」だと思います。人間誰しも、初めて水に入る時は怖いと感じるものです。海水を飲んでしまったり、溺れかけてしまったりもするでしょう。でも、そういう経験も乗り越えた上で、徐々に泳げるようになっていくものです。

「失敗しても大丈夫」

これをきちんと伝えてあげることが重要です。

失敗したことを笑わず、むしろ果敢に挑戦したことを肯定する。そういう上司の下であれば、徐々にですが、マネージャーとしてのスキルが身についていくのではないかと思います。

第8章

元日経新聞記者・高井宏章さんと考える仕事論

西岡　最後となる第8章では、日本経済新聞社で30年近く記者を務め、デスクとして多くの新聞記者のマネジメントにも関わってきた高井《たかい》宏章《ひろあき》さんと、高学歴エリートとうまく仕事をする方法について議論していきたいと思います。高井さんには現在、弊社カルペ・ディエムの相談役もお願いしていて、多くの東大生たちの相談にも乗っていただいています。

高井　よろしくお願いします。

西岡　高井さんご自身は大学はどちらだったんですか？

高井　名古屋大学です。日経時代は普通に東大卒の新人や部下が自分の部署にいて、一緒に仕事していました。とはいえ、そんなに学歴を気にしたことはないですけどね。新聞社なんで、学歴とか関係なく、記事が書けるかどうかで評価されるだけ、という感じかな。

西岡 そんな高井さんから見て、東大生をはじめとする高学歴って、どう見えていますか?

高井 まあ、頭はいいよね。物覚えはいいし、いい脳味噌持ってんなあ、って思うことも多いよ。でも、それが「仕事をするうえで優秀」と言えるのかどうかはまた全然違う問題だなと思っていますよ。

西岡 なるほど。今回この『高学歴のトリセツ』を読んでみて、いかがでしたか?感じたこと、「こんな人いたなー」とか思いましたか?

高井 やっぱり、「怒られるのに慣れていない」という指摘については、「ああ、こういう人、いたな」と思ったよね。

西岡 へえ、高井さんがその部下に怒ったら逆ギレされたり、みたいなことがあったんですか？

高井 いや、なんかいなくなっちゃった人、いたな。

西岡 いなくなっちゃった⁉ どういうことですか、会社辞めちゃったとか？

高井 夕方になって「あいつどこ行った？」ってなって、携帯鳴らしても出なくて。

西岡 失踪してるじゃないですか（笑）！ それ、どうなったんですか？

高井　数時間後に戻ってきた。どこ行ってたのかはわからない。まあ、ショックだったんだろうね。

西岡　高井さん、その人に対して、そんなに怒ったんですか？

高井　いやいや。「これダメだから書き直してね」くらいの話だったよ。

西岡　えー、それだけでそんな大事になっちゃうものなんだ。

エリートは「子供」

高井　高学歴のエリートに必ずしも限定されないと思うけど、西岡くんが書いている通り、最近の若い人たちは怒られ慣れてないことが多いとは感じます。で、気の毒だけど、こっちも相手に対して怒らないよね。説明しかしない。「こういうところはできてないよね」「こうやってやればできるようになるからね」みたいな。この本で「バッドではなくベターを伝えよう」って書いてあったけど、まさにその通り。

西岡 今「気の毒」とおっしゃいましたね。

高井 いやあ、本当に気の毒だよね。そんな感じで接していると、成長のスピードが遅くなるから。あと、こういうことをいうとおっさんくさいけど、やっぱり人は、怒られないと、仕事に対して甘くなるよね。怒られるというか、叱られるという経験は貴重。

西岡　確かに批判的なことも言われないとスキルアップは全然できないですよね。

高井　それと、全体を通して思ったこととして、「精神的に子供なままの高学歴がいる」ってことなんだろうなと。各章のタイトルを見ると「高学歴はこだわりが強い・感情的・納得しないと進めない」と並んでいるけど、これ全部「子供」の特徴だよね。

西岡　ああ、確かに！

高井　だからこれ、要するに高学歴だけど子供って人が割と混じっているよ、って話だよね。もちろん、そうじゃない人もいるけれど、割と子供が多いのかもしれない、っていう。厳しく怒れないという話も、言い換えると「子供として接しているうちは成長のスピードは遅いよ」ってことだし。

西岡　なるほどなあ。高井さんは、「子供」をどう定義していますか？

高井　自分が配慮されている、自分が許されているということを自覚できていない人のこと。逆に大人は、誰かから配慮されたことがあったときに、「今、自分は迷惑をかけたな、配慮されたな」ということを自覚している、と定義できると思う。つまり、ここに書かれているような配慮を周りからされている時点で、まだ、子供なんだよね。

西岡　確かに高学歴エリートって、僕の目から見ても親御さんからかなり配慮されている場合が多いです。大切に育てられているから、まだ「子供」なのかもしれないな。

でも、例えば仮に高井さんがそういう部下を持ったとして、どうしますか？

高井　シンプルに、現場に出すね。

西岡　実際にやらせてみるってことですね。顧客と接点を持ってもらったり、実地経験をさせたり。

高井　そうそう。現場に出ると、世の中は理屈だけじゃ通用しないぞ、って知ることになる。例えば、現場では割と「誤魔化《ごまか》す」ということが行われているわけですよ。先方が怒っているときに、それに反論するのではなく、「まあまあ」と宥《なだ》めたり。そんな、「誤魔化し」で現場は割と成り立っている。理屈ではないんだよね。常に創意工夫を求められて、指示とかマニュアルは最小限しか役に立たない。あえてルールがあるとしたら「don't」と「締め切り」だけじゃないかな。

西岡　「don't と「締め切り」ですか。

高井　「don't は文字通り、仕事をやる上で絶対やっちゃいけないこと。これは職種によるだろうけど、必ずある。「締め切り」は記者っぽいけど、つまり納期だよね。つまり、やってはいけないことと、締め切りだけがある。その範囲内でどう動くかは自分で考えろ、他の人のやり方を見てパクれ、と。それができてやっと給料分の一人前なわけで。

西岡　それ、わかるなあー！　でもそういう現場に行くと、高学歴はあたふたしそうだなあ。それがいい経験になるんだけど。泳げるようになるためには溺れてみなくちゃいけないよねって話ですね。

高井　死なない程度に、ね。

西岡　一方で、全員に対して「現場に行け、失敗しろ！」と言ってしまうのも、それはそれで乱暴な気がしますよね。正しいんだろうけど、その負荷に対応できない人も絶対たくさんいるはずだから、「子供エリートをみんな大人にしよう」、というのも何か違う気がする。

高井　そうだね。自分が昔教わった方法そのままで今の人に教えると、善意で言ったことでも相手が傷ついてしまうことはあるし、度を超えると逆にこちらがパワハラだと思われてしまうこともある。

西岡　なかなか大変な時代ですよね。自分も傷つき、相手も傷つけるリスクを取ってでも、「自分はこいつを大人にしてやろう」となることはなかなかないのかもしれませんね。

高井　ごくまれに、「こいつだったら、リスクを取っていいかな」という人もいる。例外的で、一般化できないけど。で、そういう人とは、会社を辞めたとしても、ずっとつながり続けることになるよね。師弟関係ができるっていうのかな。

西岡　うーん、なるほど。でもそれ以外の人たちに対しては、お互いのリスクを取る必要はないのかもしれないですね。この本で書いた内容も、「子供エリートを大人にするための方法」よりも「どう子供エリートにうまくお客さんとして満足してもらうのか」の方が多かった気がします。

辞めそうなヤツが多い会社ほどいい

高井　ちょっと脱線しますけどね。会社っていうのは、辞めそうなヤツが多ければ多いほどいいんですよ。

西岡　辞めそうなヤツ、ですか？

高井　そう。東大生みたいな優等生は、官僚的な、「言われたタスクを処理する」という能力が高い人が多いけれど、そういう能力とは別の、「新しいことを始めるヤツ」が多い方が会社としては大きくなっていくんだよ。

西岡　会社の言うことをただ聞くんじゃなくて、自分で新しい道を開拓する人ってことですね。そしてそういう人は、新しく道を開くからこそ、「別にいつでも辞められるんだよな」って気持ちで働く、と。すごい話だな……。

高井　会社員でも、何人かに1人、そういうヤツが勝手に出るんだよ。放っておいても成果を出すヤツ。で、そういう奴は他の人間が100%でやっている仕事を50%でこなせて、余っている残りの50%の出力で楽しいことをやり出す。その楽しいことが、長期的には会社にとってのメリットになる。

西岡 いいですね。なんというか、会社を使って遊んでいる感じだ。

高井 賢く、要領よく、会社のリソースと舞台で遊んでるって感じだね。で、そういう人に対して、「お前は50%余っているだろう」と違う仕事を渡しちゃうと、会社全体としての幅を広げる機会を失ってしまうことになるんだよね。

西岡 うーん。そういう人って、高学歴に多いですかね?

高井 割と多いと思うよ。東大卒の人で「ああ、うまく会社を道具に遊んでるな」

って思う人いるし。で、そういう人のことを見れば、賢い人は真似したくなる。逆に、そういう人がいなくなると、指示待ちのドミノができちゃうんだよね。みんなが指示待ちの会社。

西岡 だからこそ、会社を辞めてしまうかもしれないような、はみ出し者が必要なんですね。

高井 でもね。全員がはみ出し者の会社っていうのも、またあり得ないものなんだよね。働きアリの法則は知ってるでしょ？

西岡 アリの集団をすごく働くアリ・まあまあ働くアリ・働かないアリの3つに分けたときに、どんな集団でも必ず2：6：2になるってやつですね。

高井 そうそう。僕が今話した「はみ出し者」の話は、この「すごく働くアリ」の割合を、2割から3割にするといいよね、というような話なんだよね。10割、全員がすごく働くアリという会社はありえない。ここまでの議論で割と指示待ちを否定してきたけど、めちゃくちゃ有能な指示待ちの人って、きわめて重要な人材なんだよ。

西岡 さっきの話に戻ってくるわけですね。「勝手にバリバリ頑張るはみ出し者のアリなのか、指示待ちのアリなのか」っていうのは、人によると。

高井 全員が全員、すごく働くアリである必要はないし、適性もあると思う。高学歴はやっぱり基礎スペックは高いから、指示待ちのアリであっても貴重な戦力になることが多いしね。

西岡　どう生きるかは人それぞれ、ってことなのかもしれませんね。はみ出し者に憧れるし、そういう生き方はかっこいいけれど。

高井　「あのはみ出し者の人、かっこいい。ああなりたい！」はあっていいと思うよ。そういう憧れが、人が会社で頑張る原動力になることも多いからね。まあ、でも、はみ出してるヤツは、そんな意識もなく、勝手にはみ出しちゃうものなんだけどね。

高井宏章
1972年生まれ、名古屋出身。1995年、日経新聞入社。マーケット、資産運用などを長く担当。2016年からロンドンに2年駐在し、2020年から退職まで編集委員を務めた。

おわりに

「この本に書いてあること、切り取りすぎじゃないですか？」
「確かにこう言いましたけど、前後の文脈がありますよ」
「うーん、そういうつもりで言ったわけじゃないんですけどね」

今回、この本の原稿を弊社の高学歴インターン生に見てもらって感想を聞いたら、みんなからそんな風に言われました。

確かに本書で紹介したエピソードは、かなりいろんな文脈を端折って一部分だけを切り取った面があります。もしこの本を読んでいるのが高学歴の方である場合、ちょっと不快な思いをさせてしまったかもしれません。大変申し訳ありません。ですが、一方で本書を社員にも読んでもらったところ、全然違う回答を得ることができました。

「すごく頷《うなず》きながら読みました」
「こういうこと、よくありますよね」

実はこの本を書こうと思ったのは、うちの会社の社員から、「西岡さんにこういう本を書いてほしい」と言われたからでした。
「はじめに」でもお話しした通り、弊社カルペ・ディエムは、主に東大生が所属する会社ではあるのですが、社員はみんな東大生ではなく、転職組です。転職前には東大生と話をしたことすらなかった、という社員もいます。そんな社員たちから、「東大生って、すごく頭がいいけど、ものすごく扱いが難しいことがある」「西岡さん、東大生の扱い方がわかるような本を作ってくださいよ」と言われたのが、自分がこの本を書いたきっかけです。

そんな、東大生と日常的に仕事をしている人たちから「このトリセツ、当たっている」と言われたので、それなら僕だけの個人的な偏見を語ったわけではないんだな、と安心しています。

さて、その上でみなさんに、最後に伝えたいことがあります。

それは、「相手が高学歴だろうがなんだろうが、人間として対等に接することが重要だ」ということです。

『高学歴のトリセツ』なんて本を書いておきながら、「相手が高学歴だろうがなんだろうが」なんて言ってしまうのは暴論に聞こえるかもしれません。でも、僕は最後はここに戻ってくるんじゃないかな、と思うのです。

高学歴が「高学歴で苦しい」と悩むことの原因をたどると、その多くは周囲からの「高学歴だから、こうなんだろう」という決め付けです。「高学歴なのにこんなこともできないのか」とか、「高学歴ならこれくらいはやってもらわないと」などと言ったり、内心思ったりしたことがある人も少なくないのでしょうか。

そういう固定観念を取り払って、同じ人間として対等に接することによってこそ、高学歴の苦しさは改善していくのではないかと思います。

そして、高学歴の弱点の1つである、「失敗の経験が少ない」という点を補ってくれるのもまた、「人間として対等に接してくれる人がいること」だと思います。例えば社会に出れば、何かで失敗することもあります。そんな時に心の支えになってくれるのは、結局対等に接してくれる人なんじゃないかと思うのです。

弊社でも、とある東大生が、先方からメールで怒られることがありました。そこまで大きなミスではなかったのですが、かなり落ち込んでしまい、周りが見てもわかるくらいに意気消沈していました。それに対して、社員の一人は「なんかミスって落ち込んでいるんだって？　まあ別に普通のことだよ、ドンマイ！」と特別扱いせず普通に明るく接しました。

僕は「えっ、そんなに明るく接して大丈夫かな？　結構繊細な子だから、どう扱えばいいのか悩んでいたんだけれど」と思ったのですが、その東大生は「そういうものですか」などと言って、すぐに精神的に回復しました。

それを見て僕は、逆に自分自身が、腫れ物を扱うかのように高学歴に接していたのだと気づいて反省しました。

このように、「どのように扱えばいいのか」という議論の最終着地点は、「結局、人としてきちんとぶつかってみる」ということだと思います。相手と対等にコミュニケーションを取り、一緒にいいものを作っていこうという気持ちがあれば、いろんなことがうまく回っていくのではないでしょうか。

改めて、高学歴というのは1つの長所だと思います。

先日、こんなことがありました。弊社の社員1人と高学歴インターン3人がチームになってプロジェクトを進めていたところ、とんでもなく議論が白熱してしまい、「ああでもない」「こうでもない」と企画がまとまらなくなってしまったのです。進捗管理は社員に任せていたので、自分は「まとめ役、大変だろうな。○○さん（社員）、大丈夫かな」と思って、「まとめ役、大丈夫ですか？」と聞きました。

すると社員さんは、「いやあ、楽しいですよ。1つの企画に対して、こんなに幅広くあれこれと考えることは自分にはできないので、議論を聞いているだけで勉強になります」と答えました。

「なるほど、そういうこともあるのか」と、僕はまた1つ学びました。

長所と短所は紙一重で、高学歴の特徴を「考えすぎてしまう」と捉えれば短所になるかもしれませんが、逆から見たら「『考えすぎる』ことができる」という長所かもしれません。周りの人がその長所をきちんと活かすことができれば、きっとよりよいアイデアが出て、プラスの方向に物事が進んでいくはずです。

実際、僕がベンチャー企業を4年もできているのは、紛れもなく彼ら彼女らのおかげです。もちろん、長所と短所は紙一重なので、仕事をしていて「短所」ばかりが目につくときもあるでしょう。それが「高学歴なのに仕事ができない」なんて言われてしまう原因でしょうが、それでも彼ら彼女らは、絶対に素晴らしい長所を持っていると僕は思っています。周りがそれをうまく活かし、いい化学反応が起こすことが大事なのです。

この本を読んでくださったみなさんが、うまく高学歴の長所を活かすことができるようになってくださったら、こんなに嬉しいことはありません。

ここまでお読みいただき、ありがとうございました!

星海社新書
288

高学歴《こうがくれき》のトリセツ 褒《ほ》め方《かた》・伸《の》ばし方《かた》・正《ただ》しい使《つか》い方《かた》

二〇二四年 三 月一八日 第 一 刷発行

著者 西岡壱誠《にしおかいっせい》

©Issei Nishioka 2024

発行者 太田克史《おおたかつし》
編集担当 片倉直弥《かたくらなおや》

発行所 株式会社星海社
〒一一二-〇〇一三
東京都文京区音羽一-一七-一四 音羽YKビル四階
電話 〇三-六九〇二-一七三〇
FAX 〇三-六九〇二-一七三一
https://www.seikaisha.co.jp

発売元 株式会社講談社
〒一一二-八〇〇一
東京都文京区音羽二-一二-二一
(販売) 〇三-五三九五-五八一七
(業務) 〇三-五三九五-三六一五

印刷所 TOPPAN株式会社
製本所 株式会社国宝社

アートディレクター 吉岡秀典《よしおかひでのり》(セプテンバーカウボーイ)
デザイナー 山田知子《やまだともこ》+チコルズ
フォントディレクター 紺野慎一《こんのしんいち》
校閲 鷗来堂《おうらいどう》

●落丁本・乱丁本は購入書店名を明記のうえ、講談社業務あてにお送り下さい。送料負担にてお取り替え致します。なお、この本についてのお問い合わせは、星海社あてにお願い致します。●本書のコピー、スキャン、デジタル化等の無断複製は著作権法上での例外を除き禁じられています。●本書を代行業者等の第三者に依頼してスキャンやデジタル化することはたとえ個人や家庭内の利用でも著作権法違反です。●定価はカバーに表示してあります。

ISBN978-4-06-535183-3
Printed in Japan

288
SEIKAISHA
SHINSHO

次世代による次世代のための

武器としての教養
星海社新書

星海社新書は、困難な時代にあっても前向きに自分の人生を切り開いていこうとする次世代の人間に向けて、ここに創刊いたします。本の力を思いきり信じて、みなさんと**一緒に新しい時代の新しい価値観を創っていきたい。若い力で、世界を変えていきたいのです。**

本には、その力があります。読者であるあなたが、そこから何かを読み取り、それを自らの血肉にすることができれば、一冊の本の存在によって、あなたの人生は一瞬にして変わってしまうでしょう。**思考が変われば行動が変わり、行動が変われば生き方が変わります。**著者をはじめ、本作りに関わる多くの人の想いがそのまま形となった、文化的遺伝子としての本には、大げさではなく、それだけの力が宿っていると思うのです。

沈下していく地盤の上で、他のみんなと一緒に身動きが取れないまま、大きな穴へと落ちていくのか？　それとも、重力に逆らって立ち上がり、前を向いて最前線で戦っていくことを選ぶのか？

星海社新書の目的は、**戦うことを選んだ次世代の仲間たちに「武器としての教養」をくばることです。**知的好奇心を満たすだけでなく、自らの力で未来を切り開いていくための〝武器〟としても使える知のかたちを、シリーズとしてまとめていきたいと思います。

2011年9月

星海社新書初代編集長　柿内芳文

SEIKAISHA SHINSHO